Ursula Ritter

Fensterketten für den Herbst

Aus Naturmaterial und Papier

CHRISTOPHORUS
BRUNNEN-REIHE

Inhalt

Basteln im Herbst

Herbst – das bedeutet fallende Blätter, reife Früchte und Wind. Unsere Kinder genießen die heitere Seite dieser Jahreszeit des Übergangs. Im Garten, bei Spaziergängen im Wald und durch Parkanlagen finden und sammeln wir Blätter und Früchte in allen Größen, Farben und Formen. Wir sehen und hören vielleicht sogar Tiere beim Vorratsuchen. Die frische Luft macht gute Laune.

Zu Hause regen uns die gesammelten Dinge zum Gestalten an: Wir denken an Vögel, die sich zum Abflug bereit auf Drähten der Überlandleitungen sammeln, an Igel, die sich an reifen Früchten satt fressen, an Nüsse knabbernde und sammelnde Eichhörnchen, an Mäuse im Getreide.

Mit wenig Aufwand lassen sich diese herbstlichen Motive aus Naturmaterialien und farbigen Papieren gestalten und zu effektvollen Ketten zusammenstellen. Diese Ketten werden nebeneinander, aber auch übereinander aufgehängt, locker wie Girlanden oder gespannt wie Leinen. Ob am Fenster, an Türen oder über Eck im Raum angebracht, sind diese Bilderketten oder Kettenbilder auf jeden Fall ein Blickfang in der Wohnung.

Viel Spaß beim Sammeln und Basteln wünscht Ihnen

Ihre

Ursula Ritter

So gehts

Vorlagen übertragen

Alle Motive sind auf dem Vorlagenbogen in Originalgröße wiedergegeben und können mit Kohlepapier direkt durchgepaust werden. Bei Motiven, die mehrmals benötigt werden, empfiehlt es sich, eine Schablone aus Karton herzustellen. Dafür gibt es zwei Methoden:

Methode 1: Das Motiv mit Kohlepapier vom Vorlagenbogen auf dünnen Karton pausen und ausschneiden.

Methode 2: Transparentzeichenpapier auf die Vorlage legen und das Motiv nachzeichnen. Das Transparent mit der Zeichnung flächig mit einem Klebestift auf Karton kleben und ausschneiden.

Bei beiden Methoden anschließend die Schablone auf das Werkmaterial legen und die Umrisse nachzeichnen.

Bei Wellpappe das Motiv spiegelverkehrt auf die glatte Rückseite übertragen. Dabei die Wellrichtung beachten.

Ausschneiden

Beim Schneiden das Werkmaterial in der Hand drehen. Bleistift- und Pauslinien mit wegschneiden.

Wackelaugen und Klebepunkte

Für Augen, Nasen usw. eignen sich Wackelaugen oder Klebepunkte, die es in verschiedenen Größen im Hobby- bzw. im Büro- und Schreibwarenhandel gibt.

Aufhängefaden

Die ausgeschnittenen Elemente der Themenkette nach der Abbildung auf der Arbeitsfläche anordnen. Den Abstand zwischen den einzelnen Elementen nach Augenmaß bestimmen. Die Teile dürfen sich später beim Drehen nicht berühren. Nun die einfache Länge des Aufhängefadens abmessen.

Zusammenfügen der Einzelteile

Bei senkrecht verlaufenden Ketten mit dem untersten Element beginnen.
Bei deckungsgleich ausgeschnittenen Elementen eine Innenseite des Motivs mit Klebstoff bestreichen und den Faden auf die optische Mittellinie legen. Faden festdrücken. Das passende zweite Motivteil deckend auflegen und anpressen.

Kürbisse

Material

- Tonpapier in Rot, Orange, Grün, Blau
- Bast in Rot, Natur

Vorlage A

Anleitung Seite 8

Eichhörnchen

Material

- Tonpapier in Braun, Orange
- 3D-Wellpappe in Braun
- Wackelaugen, 8 mm Ø
- Klebepunkte in Schwarz, 8 mm Ø
- Kürbiskerne
- Ahornfrüchte
- Holzperlen in Rot, 10 mm Ø
- Trinkhalme in Rot, Natur, Orange
- Perlonfaden
- Filzstift in Schwarz

Vorlage B

1 Den Körper des Eichhörnchens doppelt ausschneiden, davon einmal spiegelbildlich. Das Gesicht ausgestalten, den Mund mit Filzstift malen.

2 Die Walnuss zweifach ausschneiden, die Schalenoberflächen aufzeichnen und die Nuss an die Pfote kleben.

3 Arm und kleineres Schwanzteil aus Wellpappe deckungsgleich auf den Körper kleben. Den überstehenden Rand des orangefarbenen Schwanzes rundum einschneiden.

4 Das Eichhörnchen mit seinem Gegenstück zusammenkleben. Den Aufhängefaden dazwischen verlaufen lassen.

Kürbisse

Abbildung & Materialangaben Seite 6/7

1 Die Kürbisse aus doppelt gelegtem Tonpapier ausschneiden. Die Gesichter durch Herausschneiden von Augen, Nase und Mund gestalten.

2 Stiele und Zipfelmützen doppelt zuschneiden und oben auf die Kürbisköpfe kleben. Die Kürbisse spiegelbildlich aufeinander kleben, dabei die Aufhängefäden einfassen.

3 Aus mehreren Bastfäden eine Schleife binden und als Kinnbart aufsetzen.

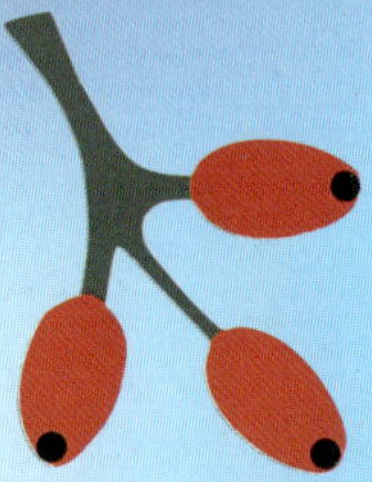

Raben

Material

- Tonpapier in Schwarz, Rot
- Regenbogen-Karton in Gelb-Rot
- Wackelaugen, oval, 10 mm
- Klebepunke in Schwarz, 8 mm ∅
- Draht oder Baumwollgarn in Schwarz
- Klarsicht-Klebeband
- Filzstift in Schwarz

Vorlage C

Anleitung Seite 12

CALCIGEN® D
Kautabletten

Im Herbstlaub

Material

- Tonpapier in Orange
- Kardenkolben
- Ahornblätter
- Eichenblätter
- Ginkgoblätter
- Knetmasse in Orange, Braun
- Stecknadeln mit rotem Kopf
- Bast in Natur
- Aufhängeband

Vorlage D

1 Für den Igelkörper einen Kardenkolben längs halbieren. Kopf und Augen aus Knetmasse formen, Augen aufsetzen.

2 Körper und Kopf miteinander verbinden: die Stecknadel von der Nasenspitze aus durch den Kopf stecken und den Körper aufspießen. Den Igel auf das Blatt kleben. Die Blätter am Blattansatz mit dem Bastfaden verknoten.

3 Karde am Stiel mit einer Mehrfachschleife aus Bast versehen und am unteren Ende der Aufhängung befestigen.

4 Für die Blätterkette je zwei Blattformen aus Tonpapier zusammenkleben und dabei das Band einlegen.

Raben

Abbildung & Materialangaben Seite 10/11

1 Körper, Flügel, Füße und Schnabel zweimal ausschneiden.

2 Die beiden Formen eines Vogels spiegelbildlich ausgestalten und zusammenkleben. Flügelspitzen um einen Bleistift wickeln, damit sie etwas abstehen, und aufkleben.

3 Hagebutten doppelt, Stiele einfach ausschneiden und zusammenfügen. Punkte anbringen. Blätter ausschneiden.

4 Drähte mit Klebeband am Fenster fixieren und die Raben ankleben.

Akrobaten

Material

- Tonpapier in Hell-, Dunkelrot, Dunkelbraun, Kastanienbraun, Orange
- Papierrest in Gelb
- Biegeplüsch in Gelb
- Wackelaugen, 8 mm ∅
- 4 Holzperlen in Gelb, 6 mm ∅
- Webpelz- oder Fellrest
- Bast in Rot

Vorlage E

Anleitung Seite 16

Eichel-Wichtel

Material

- Moonrock in Braun
- Tonpapier in Rot, Orange und Beige
- Bast in Orange
- Filzstift in Schwarz

Vorlage F

1 Die Eichenblätter ausschneiden und zwei oder drei von unterschiedlicher Farbe versetzt aufeinander kleben.

2 Die Eichel und den Becher jeweils doppelt ausschneiden, letzteren als Hut aufsetzen. Mit Filzstift Gesichter aufzeichnen.

3 Je einen Wichtelkopf spiegelverkehrt deckend auf die Vorder- und Rückseite der Eichenblätter kleben. Dabei den Aufhängestrang mit einfassen.

4 Aus Bast Schleifen binden und diese an einem Eichelkopf, an der Aufhängung oder an deren Ende anbringen.

5 Die Eichenblätter am Aufhängefaden entlang ankleben.

Akrobaten

Abbildung & Materialangaben Seite 14/15

1 Alle Teile aus doppelt gelegtem Tonpapier ausschneiden.

2 Gesichter gestalten, Kopf und Körper aneinander kleben.

3 Zwei 12 cm lange Stücke Biegeplüsch an der Körperrückseite befestigen. Webpelz als Haare ankleben. Die Figur deckungsgleich auf ihr Gegenstück kleben, Schuhe anbringen.

4 Blätter und Kastanien deckungsgleich am Bast befestigen. Die Figuren mit gebogenen Händen und Füßen anhängen.

Ginkgo-Püppchen

Material

- Ginkgoblätter
- Nigellakapseln
- Hainbuchenfrüchte
- Nähgarn
- Bouillondraht, 0,3 mm ∅

Anleitung Seite 20

Igel

Material

- Moonrock in Grau
- Mikro-Wellpappe in Rot
- Tonpapier in Braun, Grün, Orange, Gelb
- Regenbogen-Karton in Gelb-Rot und Gelb-Grün
- Wackelaugen, 8 mm ∅
- Klebepunkte in Schwarz, 8 mm ∅
- Bast in Hellgrün

Vorlage G

1 Alle Teile ausschneiden.

2 Die beiden Teile eines Igels spiegelbildlich ausarbeiten: Wackelaugen und einen Klebepunkt als Nase anbringen. Maul mit Filzstift malen. Ohren falzen und aufrichten.

3 Den Apfel in der Mitte der Bodenfläche fixieren, dann die Igel und die Blätter aufkleben.

4 Obstketten: Die Äpfel spiegelbildlich zusammenkleben, dabei eine Mehrfachschleife mit Aufhängefaden einlegen. Die Birnen an den Äpfeln befestigen. Die grünen Doppelblätter falzen und entlang der Aufhängung verteilen.

Ginkgo-Püppchen

Abbildung & Materialangaben Seite 18/19

1 Den Stiel des Ginkgoblattes kurz schneiden und die Nigellakapsel an ihrer Stängelseite als Kopf ankleben. Hainbuchenfrüchte unter dem Kopf auf dem Ginkgoblatt anbringen.

2 Aufhängefäden schneiden, die Enden verknoten und als Schlaufe jeweils am Puppenkopf ankleben.

3 Die Schlaufen auf den waagerecht hängenden Draht fädeln.

Obsternte

Material

- Moonrock in Dunkelbraun
- Tonpapier in Gelb, Grün, Blau, Hell- und Dunkelbraun
- Regenbogen-Karton in Gelb-Grün, Gelb-Rot, Blau-Rot
- Bast in Blau
- Filzstift in Schwarz

Vorlage H

Anleitung Seite 24

Pilze

Material

- Moonrock in Braun, Gelb
- Regenbogen-Karton in Rot-Orange
- Kiefernzapfen
- Becher von Bucheckern und Eicheln
- Schwarzerlenzapfen
- Baumflechte
- Flügelfrüchte von Ahorn, Hainbuche
- Bouillondraht, 0,3 mm ∅

Vorlage I

1 Die Ahornblätter aus Regenbogen-Karton ausschneiden.

2 Die Steinpilze aus Moonrock zweifach ausschneiden, auf spiegelbildliche Formen achten. Hut und Stiel zusammenfügen.

3 Die Steinpilze deckungsgleich auf der Blattvorder- und -rückseite anbringen. Den Aufhängedraht dazwischen führen.

4 Das Ahornblatt mit Baumflechte, einer Hainbuchenfrucht oder mit Erlenzapfen schmücken. Außerdem Kiefern- und Erlenzapfen, Eichel- und Bucheckernbecher und Ahornfrüchte durch Umwickeln der Stiele am Draht entlang befestigen.

Obsternte

Abbildung & Materialangaben Seite 22/23

1 Alle Teile nach den Vorlagen ausschneiden.

2 Die Blütenblätter der Sonnenblume auf der braunen Scheibe anordnen und festkleben. Eine zweite Scheibe als Rückseite dagegen kleben und dabei den Bast mit einlegen.

3 Pflaumen, Stiele und Blätter deckungsgleich zusammenkleben, den Aufhängefaden mitfassen. Die Schalen der Walnüsse mit Filzstift kennzeichnen. Zwei Nüsse mit eingelegtem Bast aufeinander kleben. Die Weinbeeren zu einer Traube zusammensetzen, mit einem Stiel versehen und zusammen mit ihrem Gegenstück am Bast anbringen. Apfel und Birne fixieren.

Sonnen-blumen

Material

- Krepppapier in Gelb
- Tonpapier in Gelb oder Grün
- Wabenpapier in Braun
- Holzperlen in Gelb, 14 und 8 mm Ø
- Holzperlen in Orange, 14 mm Ø
- Holzperlen in Hellbraun, 12 und 14 mm Ø
- Holzperlen in Dunkelbraun, 12 mm Ø
- Flachperlen in Dunkelbraun, 14 mm Ø
- Bouillondraht, 0,3 mm Ø

Vorlage J

Anleitung Seite 28

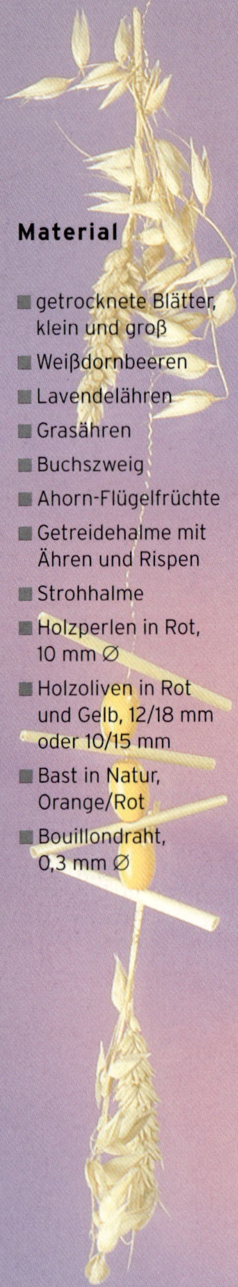

Material

- getrocknete Blätter, klein und groß
- Weißdornbeeren
- Lavendelähren
- Grasähren
- Buchszweig
- Ahorn-Flügelfrüchte
- Getreidehalme mit Ähren und Rispen
- Strohhalme
- Holzperlen in Rot, 10 mm ∅
- Holzoliven in Rot und Gelb, 12/18 mm oder 10/15 mm
- Bast in Natur, Orange/Rot
- Bouillondraht, 0,3 mm ∅

Mäuse

1 Die Mäuse beidseitig ausgestalten: Größere Blätter bilden den Körper. Kleine Blätter als Ohren, Beeren als Nase und Auge ankleben. Gras- und Lavendelähren als Schwanz verwenden.

2 Aus mehrfach gelegtem Bast Schleifen binden und unten an der Maus festkleben. Die Mäuse am Bastband ankleben.

3 Für die Ketten Getreidehalme kürzen, zur Befestigung mit Draht umwickeln. Holzperlen auffädeln.

Sonnenblumen

Abbildung & Materialangaben Seite 26/27

1 Die Blütenblätter aus Krepppapier, die Halbkugel des Blüteninneren aus braunem Wabenpapier und den zweifachen Blütenboden aus Tonpapier ausschneiden.

2 Die Blütenblätter auf den ersten Blütenboden kleben.

3 Darauf die Unterseite des Halbkreises aus Wabenpapier aufkleben. Das Papier auffächern und dann die Oberseite ankleben, damit die Wölbung entsteht.

4 Den zweiten Blütenboden auf die Rückseite der Sonnenblume kleben und dabei den Draht lang mit einfassen.

5 Perlen auffädeln und Blütenblätter am Draht befestigen: Ein Ende zusammendrücken und mit Draht umwickeln.

Potpourri

Material

- Platanenfrüchte
- Lampionblumen
- Nigellakapseln
- Becher von Eicheln und Bucheckern
- Zweige mit Weißdornbeeren
- Ahornflügelfrüchte
- Kiefernzäpfchen
- Lärchenzapfen
- kleine Kastanie
- Esskastanien
- Trinkhalme in Gelb, Orange
- Diverse Holzperlen, z. B. Rillenperlen, Flachperlen, Holzwürfel, Holzdoppelkegel, Holzoliven, Holzwalzen in Rot, Orange, Gelb, Braun
- Baumwollgarn
- Messingdraht oder Bouillondraht, 0,3 mm Ø

Halme, Kastanien, Kapseln vorstechen. Teile abwechselnd aufreihen bzw. am Stiel mit Draht umwickeln.

Impressum

© 1999
Christophorus Verlag GmbH
Freiburg im Breisgau

ISBN 3-419-56221-7

Neu bearbeitete Auflage 2000

Lektorat:
Elke Fox, Freiburg

Styling und Fotos:
Christoph Schmotz, Freiburg

Covergestaltung und Layoutentwurf:
Network!, München

Coverrealisierung:
smp, Freiburg

Lithos:
Fuchs Repro GmbH, Laufen

Druck:
Freiburger Graphische Betriebe

Wir sind für Sie da, wenn Sie Fragen zu AutorInnen, Anleitungen oder Materialien haben. Und wir interessieren uns für Ihre eigenen Ideen und Anregungen. Faxen, schreiben Sie oder rufen Sie uns an. Wir hören gerne von Ihnen!
Ihr Christophorus-Verlag

Christophorus-Verlag GmbH
Hermann-Herder-Str. 4
79104 Freiburg
Tel.: 0761/ 27 17-0
Fax: 0761/ 27 17-3 52
oder e-mail:
info@christophorus-verlag.de

Profi-Tipp der Autorin

Freude schenken mit Bilderketten

Einzelne Fensterketten lassen sich sehr gut als originelle Geschenkaufleger verwenden. Sie geben der Verpackung eine persönliche Note und sind zugleich ein individuelles Geschenk, das man zum Beispiel am Schlüssel eines Schrankes dekorativ aufhängen kann.